大学体育 ·瑜伽教程

裘 鹏 邹 然 主编

北京体育大学出版社

策划编辑　潘　帅
责任编辑　潘海英
责任校对　赵红霞
版式设计　小　小

图书在版编目（CIP）数据

大学体育·瑜伽教程 / 裘鹏，邹然主编 .—北京：北京体育大学出版社，2021.4（2024.8 重印）
ISBN 978-7-5644-3180-8

Ⅰ．①大… Ⅱ．①裘… ②邹… Ⅲ．①体育－高等学校－教材 ②瑜伽－高等学校－教材 Ⅳ．① G807.4 ② R793.51

中国版本图书馆 CIP 数据核字 (2019) 第 125078 号

大学体育·瑜伽教程　　裘　鹏　邹　然　主编
DAXUE TIYU · YUJIA JIAOCHENG

出版发行：北京体育大学出版社
地　　址：北京市海淀区农大南路 1 号院 2 号楼 2 层办公 B-212
邮　　编：100084
网　　址：http：//cbs.bsu.edu.cn
发 行 部：010-62989320
邮 购 部：北京体育大学出版社读者服务部 010-62989432
印　　刷：三河市龙大印装有限公司
开　　本：710 mm × 1000 mm　1/16
成品尺寸：170 mm × 240 mm
印　　张：6
字　　数：106 千字
版　　次：2021 年 4 月第 1 版
印　　次：2024 年 8 月第 3 次印刷
定　　价：50.00 元

编委会

主　　编： 裘　鹏　邹　然

副 主 编： 王　山　尹　君　李　洋
戴　霓　张　硕

动作示范： 江　楠　孙夏林　黄　玲
刘　鑫

目录

第一章　大学体育

一、体育的概念

在中国，体育的广义含义与体育运动相同。它包括身体教育（狭义的体育）、竞技运动、身体锻炼三个方面。身体教育与德育、智育、美育相配合，成为整个教育的组成部分。体育是一个有目的、有组织、有计划地促进身体全面发展，增强体质，传授锻炼身体的知识和技能，培养坚强的意志品质和高尚的道德情操的教育过程。竞技运动是指为了最大限度地发挥个人、集体在体格、体能、心理及运动能力等方面的潜力，以取得优异运动成绩为目的而进行的科学的、系统的训练和竞赛。身体锻炼是指以健身、医疗卫生、娱乐休闲为目的的身体活动。这三个方面因目的不同而互相区别，但又互相联系。它们都是通过身体活动来全面发展身体素质和增强体质的，都有教育和教学的作用，也都有提高技术和竞技水平的因素。所以，体育可以从以下几个方面理解。第一，从本质上讲，体育具有教育属性，属于教育的范畴。这里指的教育不仅仅是学校教育，也包括社会教育和自我教育等其他教育。第二，竞技运动是其常用的、高级的表现形式，但体育与竞技运动不能相互代替或相互指代。第三，身体运动和运动技能是追求身体能力发展、调适心理状态和社会适应的主要方法与手段。综上所述，体育是通过身体运动的方式，发展身体能力、调适心理状态、促进人的社会化的教育过程。

二、大学体育的解读

（一）大学体育的概念

现代体育包括竞技体育、群众体育和学校体育。学校体育是全面发展大学生身体素质，增强体质，传授体育知识、技能，提高运动技术水平，培养道德和意志品质，有目的、有计划、有组织的教育过程。根据我国教育体制划分，学校体育可分为小学体育、中学体育和大学体育。我们所讨论的大学体育主要是指非体育院校和非体育专业大学生在大学期间所接受的学校体育教育，即传授体育文化，增强大学生体质，提高大学生身心健康水平和适应能力，有目的、有计划、有组织地完成以“健康第一”和“终身体育”为指导思想的教育过程。

（二）大学体育的目的和任务

1. 大学体育的目的

大学体育的目的，是指在一定的时期内，大学体育实践所要达到的预期结果。它决定大学体育的方向与过程，是评估大学体育的重要依据，并起着导向、控制和激励的作用。根据体育的功能和大学生身体、心理发育特点，以及现代社会发展和我国学校教育发展的需求，大学体育的目的是增强大学生体质，促进大学生身心健康，培养大学生的体育意识、能力和习惯，以及良好的思想品德，使其成为德智体美劳全面发展的社会主义建设者和接班人。

2. 大学体育的任务

为了实现目的，大学体育需要完成的基本任务是：

（1）增进大学生的身心健康，增强大学生体质。

（2）使大学生掌握体育基本知识，培养大学生的体育运动能力和习惯。

（3）提高大学生的运动技术水平，为国家培养体育后备人才。

（4）对大学生进行品德教育，增强组织纪律性，培养大学生的勇敢、顽强、进取精神。

（三）现代社会对大学生人才的基本素质要求

现代社会对合格人才的基本要求可以总结为：有较高的思想道德素质、有较好的科学文化素质、有较强的心理素质、有较强健的身体素质等。

（四）大学生特有的年龄阶段特点

大学生的年龄段集中在 18~22 岁，此年龄段是一个人生长发育逐渐走向成熟的关键时期。这个阶段，无论是身体形态、生理机能还是身体素质和心理素质都遵循着一定的规律。

1. 生理特点

运动系统：运动系统由骨、关节和骨骼肌三部分组成。随着年龄的增长，骨的韧性降低，骺软骨逐渐骨化，到大学高年级时，骨化基本完成，身高不再增长。这一时期，由于骨骼柔软且可塑性较强，应注意保持正确的身体姿势，避免因一侧肢体或局部用力过多，造成肢体特别是脊柱的病理性弯曲；同时，注意适宜的运动负荷，防止负荷过大造成的骨化提前，影响身高的继续增长。

心血管系统：大学生的心脏结构和机能正逐步完善。心脏的质量已经达到成人水平。心率减慢，收缩压升高，每搏输出量增多。

呼吸系统：大学生的肺功能逐步完善，肺活量接近成人水平，但是最大摄氧量和氧债能力较成人低，女生比男生低。此期间的体育锻炼可以适当增加静力性练习和耐力练习，以有效提高心肺功能。

神经系统：神经系统的发育最早也最快，其功能在少年时期已经日趋完善，但大脑皮质的兴奋和抑制过程不够均衡，兴奋过程占优势而抑制过程相对较弱；到大学阶段第二信号（抽象概括的语言和文字）系统得到发展，抽象思维能力不断增强。

2. 身体素质

在生长发育过程中，身体素质的发展存在着自然增长的现象。到大学阶段，男生的腰腹力量领先，其次是下肢爆发力、手臂肌肉的静力性力量、耐力，最慢的是臀部肌力；而女生腰腹肌的增长比其他素质要差；因此，对于大学生而言，提高身体素质和运动能力十分重要。

3. 心理特点

（1）自我概念的增强与认知能力发展的不协调。自我概念是指人对自身的认识及对周围事物关系的各种体验，是认识、情感、意志的综合体，是人心理发展过程中一个极为重要的方面。

自我概念从童年时期就开始产生并逐步发展，青少年时期是自我意识发展最快的时期。它使人心理的各个方面都发生着深刻而广泛的变化，使一个人能反省自身，有明确的自我存在感，从而以一个独立的个体来看待周围世界；使人的心理内容得到极大的扩展和丰富。

自我概念的发展不仅与年龄有关，而且与人的知识水平有关。一个人的文化素质越高，其自我意识就可能越强。从这两点来看，大学时期是真正认识自我的时期。大学生所处的年龄阶段和所具备的文化水平，决定了他们不再像中学生那样眼光向外、对外界的事物感兴趣，急于去了解世界、把握外部环境，急于显示自己的独立、想做环境的主人；而是眼光向内，注重对自己的体察和分析，把自我分化为主体的我和客体的我，以及理想的我和现实的我；注意内省，注重探求自己微妙的内心世界，力图理解自己情感、心理的变化，自觉地从各方面了解自己，塑造自己的形象，设计自我的模式。大学校园这种特殊的环境，又是强调独立、注重自我确立的地方，许多大学生在较大程度上按照自己的方式安排自己的生活，有一种宽松自由的氛围；同时，由于大学生所处的独特的社会层次及具有较高的文化素质，他们对社会上的事有着自己的见解，因此他们看问题的视野可能与一般人有所不同，有一种以天下为己任的抱负和心愿。一方面，他们关心社会发展，这种关心是抛开切身利益，以大视角来进行的，注重的是整个社会的发展与进步。他们热衷参与社会生活，对社会舆论愿意独立思考。另一方面，由于生活阅历有限，与社会有一定的距离，社会实践能力不强，使他们在谈论、评价、思考社会问题时，往往带上幻想的色彩，不能十分切合实际。

他们对事物的认识表现出一定的片面性和幼稚性，还不能深刻、准确、全面地认识问题。这种不足与他们极强的自我概念不协调，这种不协调可能会一直困扰着他们。

（2）情感丰富而不稳定。大学生是一群正在成长的青年，是一个极其敏感的群体，其内心体验极其细腻微妙。他们对与自身有关的事物往往体察得细致入微。随着文化层次的提高和生活空间的扩大，他们的思维空间急剧延伸，这也就必然导致其情感越来越丰富和深刻。

由于大学生心理内部的需要结构发生变化，追求有其独特性，价值观念尚不稳定，时常处于波动、迷惘、抉择之中，其心理成熟又落后于生理成熟，因而大学生的情感是不稳定的，情绪变化起伏大，易受周围环境变化的影响，心境变化快。学业、生活、人际关系等变化会引起情绪的波动，容易偏激、冲动，情绪冲突也较多。

4. 性意识的发展

大学生正处于青春期和成年早期，生理发育已基本完成，所以性意识的明朗化与进一步发展都是正常的。由于大学校园是年轻人的世界，每个大学生都有充分的机会与同龄的异性接触，因此性意识的发展及与之相伴而来的恋爱问题是大学生心理发展过程中的一个重要内容。一方面，性意识的发展带来强烈的按照性别特征来塑造个性和形象的精神向往，每个大学生都会在心里产生一种愿望，即成为什么样的男子或女子；另一方面，性意识的发展也带来了对异性的倾慕与追求，这是每一个青春萌动的大学生都会遇到的问题。而这种愿望会与大学生还不善于处理与异性之间的关系，或者他们的经济地位与心理成熟度还不足以应付这种问题相矛盾，从而带来种种不安和烦恼。

5. 智力发展

大学生一般思维敏捷，接受能力强，通过专业训练、系统的学习，可使其抽象逻辑思维能力得到充分的发展，智力水平大大提高，分析问题、解决问题的能力增强。其智力层次含有较多的社会性和理论色彩，这一显著特点，使大学生心理活动的内容得到极大的丰富，智力发展达到高峰。

6. 社会需求

为了接受系统、严格的专业训练，大学生在校园里的生活期限比其他同龄人长，这使他们与社会有一定的距离。也正因为如此，他们加入社会的愿望更为迫切。在校园里，他们关注着社会，评判着各种社会现象，并希望自己加入进去，按照自己的想法去改变各种令人不满意的现象，用自己的专业知识服务社会，体现自己的力量，实现自身的价值。这种迫切的社会需求与大学生正在形成的价值观相互作用，是将来走向社会的重要心理依据。这一心理特点，支配、指导着大学生的学习态度，从而对其大学时代的生活质量产生重要的影响。

三、终身体育

终身体育是20世纪90年代以来体育改革和发展中提出的一个新概念。目前对终身体育的理解有以下几种观点：①终身体育是指任何人在一生中的任何时期、任何地方，都能根据自己的体力、年龄、目的进行体育活动；②终身体育就是经常性地参加体育锻炼和活动，并能坚持，保持旺盛的工作能力和生命力；③终身体育的基本标准是坚持参加体育活动10年以上，每周2次，每次30分钟活动，视体育运动为生命中的重要内容，对体育感兴趣，具有较高的体育知识水平，对参加体育活动具有好感等。这些对终身体育的理解和概念是不完整的，虽有其合理的一面，但也存在着对终身体育认识上的偏差，没能准确、全面地解释其内涵。

终身体育是一个人一生中所接受连续的、各方面体育教育的全部总和，是一个人从出生的那一刻起，一直到生命终结为止不间断地发展和提高体育技能、知识的过程。它所强调的是体育过程的连续性和整体性，是学前、小学、中学、大学和成人的各阶段身体教育，即有组织的、系统的身体锻炼和偶发性的身体锻炼。身体教育的内容、方法、技术和锻炼的时间都具有机动性和多样性，目的是维持良好的身体条件和状态，以适应社会急剧变化和科学技术不断革新的需要，改善自我生存条件。

进一步地贯彻学校体育教育，能为大学生现在和将来的体质打下坚实的基础。学校体育在重视技能传授和体育竞赛的同时，更应传授自我锻炼的方法，培养大学生终身体育意识，引导并监督大学生进行科学的自我锻炼。

青少年正处于世界观、价值观和个人意识的形成阶段，这一阶段对培养大学生的体育意识、树立正确的健康观、养成良好的体育习惯及形成终身体育思想具有重要意义。体育作为学校教育的一个重要的组成部分，在大学生的成长过程中发挥着不可替代的作用，尤其是学校体育又是大学生终身体育的基础，运动兴趣的培养及运动习惯的形成是促进大学生自主学习和终身坚持锻炼的前提。在全面贯彻教育方针，落实素质教育，以提高大学生身心素质为根本宗旨的今天，体现大学生的主体地位，充分发挥大学生的体育学习积极性和学习潜能，提高大学生终身体育意识，是21世纪我国学校体育发展的趋势。因此，学校体育教育必然要主动地适应社会变化的这种要求，积极地去激发大学生的运动兴趣，使大学生能够更自觉地进行体育锻炼，并树立终身体育的意识。

四、国家针对大学生健康的指导思想

健康教育工作历来受到党和国家的高度重视，“健康中国”战略提出后，在国家层面成立了“卫生健康委员会”，其主要职责之一就是加强健康教育。1993 年，国家教育委员会组织制定的《大学生健康教育基本要求（试行）》，对加强大学生健康教育工作起到了重要的引导、规范和推动作用，产生了重大的积极影响。2017 年，教育部针对各地各高校在推进健康教育工作时存在的健康教育覆盖面窄、针对性不强、措施落实不到位等问题，以及部分大学生健康意识淡薄、维护和促进自身健康能力不足、不健康生活方式威胁到身心健康等问题，印发《普通高等学校健康教育指导纲要》（以下简称《纲要》），明确了开展高校健康教育的总体要求、主要内容、实施途径与保障措施，为高校开展健康教育提出新的指导框架，以进一步提升大学生健康素养，促进大学生身心健康。《纲要》的颁布为高校开展健康教育提供了政策依据。

（一）《纲要》的指导思想与基本原则

《纲要》站在宏观的角度阐述指导思想，提出五条基本原则，指导高校健康教育的具体实施。

1. 指导思想

（1）高校健康教育要全面贯彻落实中共十八大和十八届三中、四中、五中全会精神，以及习近平总书记的系列重要讲话精神。

（2）高校健康教育要全面贯彻党的教育方针。

（3）高校健康教育要按照《国家中长期教育改革和发展规划纲要（2010—2020 年）》《“健康中国 2030”规划纲要》的部署和要求，促进大学生身心健康和全面发展。

2. 基本原则

（1）问题导向与健康需求相衔接。

（2）知识传授与行为养成相促进。

（3）课堂教学与课外实践相协调。

（4）维护个体健康与增强社会责任相统一。

（5）总体要求与地方实际相结合。

（二）《纲要》的基本目标与核心内容

《纲要》将高校健康教育基本内容以“目标”与“核心内容”相结合的方式呈现，在目标的指导下分为健康生活方式、疾病预防、心理健康、性与生殖健康、安全应急与避险五个部分，基本涵盖高校大学生健康的需求。

1. 健康生活方式

目标：树立现代健康意识，提高应对风险的能力。

核心内容：健康问题，健康决策原则，饮食行为，睡眠，运动与健康，烟草、毒品危害及防范，环境卫生与健康。

2. 疾病预防

目标：增强防病意识，提高防控疾病的能力。

核心内容：传染病，慢性病，抗生素滥用，定期体检，健康指标，保健与保险服务。

3. 心理健康

目标：树立自觉维护心理健康的意识，提高心理适应的能力。

核心内容：基本概念，心理健康与身体健康的关系，心理发展特点，抑郁症与焦虑症，人际关系，心理咨询与服务，珍爱生命。

4. 性与生殖健康

目标：树立自我保健意识，提高维护性与生殖健康的能力。

核心内容：基本知识，友谊、爱情、婚恋、家庭与伦理道德，优生优育，避孕，无保护性行为影响，艾滋病，预防性侵害。

5. 安全应急与避险

目标：树立安全避险意识，提高自救与互救能力，防止意外伤害。

核心内容：无偿献血，现场救护，动物抓、咬伤后的应急处置，网络安全，职业伤害，旅行卫生保健。

第二章　瑜伽

一、瑜伽的本意

瑜伽一词由梵语词根音译而来，有“一致、结合、连接、和谐”之意。有趣的是在英文中有一个发音相近的词，其拉丁文字源也是“联合、结合”之意。瑜伽的文字记载，最早出现在印度古老的典籍《犁俱吠陀》中，其最原始的含义是“轭”，指用农具轭将两头牛连在一起耕地，具有连接和驾驭牛马之意，后被引申为“自我调控身心，使身心统一”。在瑜伽师帕坦伽利所著的《瑜伽经》中，将瑜伽定义为“对心作用的控制”。这和瑜伽早期的“结合、联系、连接”之意相同，即把精神、智慧和身体完美结合起来。瑜伽动作延展、思想回收，关注自己本体的感受和微妙变化，让思想与身体连接，同时也意味着与最高的自然万物相同化，让自己从低落和不适中获得新知。瑜伽是一种修习方法，通过练习瑜伽，能够让自己真正地感知本体，回收人性的贪欲，当人们能够达到这样的认识时，也就进入了完美瑜伽的状态。

《瑜伽经》认为，外在的知识无论怎样先进和精深，都不是真正的智慧，而人类智慧的最高形式莫过于探求自身。现代人被科学的飞速发展所迷惑，大都注重研究外在和实用的知识，却忽略了培育自身内部的真智慧。修习瑜伽可以提升内在的涵养，是探求自我、开发自我的一种最安全而且简单方便的方法，最终达到身、心、灵的和谐发展。瑜伽是一种多维的修习方式，是一种将身体、心理和精神三者和谐统一的运动方式，它不但可以锻炼肢体，还可以帮助人们挖掘和发挥自身的潜在能力。像中国传统的太极理论一样，印度人认为身体、心灵和精神是相互联系、和谐统一的。瑜伽正是依据这个基本哲理，运用古老易行的方法，改善人们的生理、心理和精神状态，使人们达到身、心、灵的统一。

瑜伽能够传承几千年而经久不衰，就是因为其核心内涵所追求的是人对自我的控制、对身体状态的控制，追求的是人性最高的唯美的境界。

二、瑜伽的技术特点

1. 动静结合，适宜任何基础的锻炼人群

在人们的常态认识中，瑜伽一直是静态、舒缓的，常常会有人觉得瑜伽的练习强度是不能满足心肺功能较好的、具有长期健身习惯的人群的。其实瑜伽是一项可动可静，并且练习强度可以随着练习者的个人情况灵活调节的兼容性运动项目。它不仅可以以呼吸控制练习、单个体式练习或体态纠正练习来接收零基础的健身人群，以体式序列、成套串联、单独体式的目标肌肉耐久力练习来满足有一定健身习惯的健身人群，还可以通过挑战瑜伽的高级体式动作或节奏瑜伽、流动瑜伽来满足长期锻炼的健身人群。它可以在身体不适时做调理性的练习，帮助身体恢复；也可以做专门的耐久力训练，增强肌肉的耐力；可以配合其他运动项目做最后的放松伸拉练习；还可以在没有适宜场地的情况下做增强心肺功能的瑜伽组合练习等。

2. 力量、柔韧、平衡、耐力、协调全面均衡发展

瑜伽动作有成千上万个，分几大类，只要满足瑜伽锻炼的基本条件，都可以称之为某一个动作的体式变形。这些动作能发展练习者的肌肉力量、关节灵活性、身体柔韧性、身体平衡性、耐力及全身的协调能力，所以说瑜伽的锻炼是全方位的身体均衡发展的锻炼，可谓一举多得。

3. 精神专注

瑜伽强调平和、稳定，尤其注重身与心的结合锻炼。因此，在练习瑜伽时保持精神的专注，会使练习效果事半功倍。

4. 身心合一

瑜伽不是单一的身体运动，要求练习者在锻炼身体、增强体质的同时，关注心灵的内在感受；要求人们既精进又懂得取舍，也就是说它注重培养身、心、灵的全面统一，更注重人与自然的和谐相处。

三、瑜伽的作用

1. 增强体质，增进健康

瑜伽体式借由一些扭转、弯曲、拉伸的动作，并配合呼吸控制法，具有伸展肌肉、提高心肺功能、刺激腺体、促进血液循环、按摩内脏器官等功效。

2. 改善体型，纠正体态

改善体型主要是指改善全身各部位的比例，使其匀称和谐。纠正体态主要是指纠正整个身体的不良姿态以使其端庄优美。如果长时间不注意体态端正，就可能影响某些骨骼的正常生长发育，如造成脊柱侧弯、圆肩驼背、骨盆倾斜等不良体态。

瑜伽的独到之处是可以对身体比例的均衡产生积极的影响，特别是能紧致四肢肌肉线条，消除腰腹部沉积的多余脂肪。此外，经常性、正确的体式动作练习，能矫正不正确的身体姿势，培养正确、端正的体态。

3. 有效提升专注力

通过静坐、仰卧或者行走，在身体没有做任何猛烈动作的情况下，配合稳定、流畅、精妙的深长呼吸，配合瑜伽专注性的练习，可以舒缓神经，让人变得平和、睿智。瑜伽练习中对专注力的重视能培养一种满足和平静的情绪状态，可以控制头脑中不受约束的思想，并稳定起伏的情感，平息体内躁动的情绪，让人从过去或未来中醒来，活在现实，活在当下，用心做好当下的每一件事。

4. 高效全面地减压

肌肉酸痛可以通过温水浴和按摩来缓解，身体疲倦可以通过大睡一觉来缓解，而紧张和疲惫的精神、不堪重负的压力和负面情绪可以通过一次瑜伽练习来缓解，给自己由内到外的身心按摩。

练习瑜伽体式可以让肌肉很快放松下来，在身体放松的同时，放慢呼吸并调整呼吸节奏，让意识完全平静下来，给思维和大脑放松的空间，心灵会慢慢变得平和、安定。在出了一身细汗之后，瑜伽的放松练习可以消除人在精神和身体上的疲劳，能够让人从身体到意识，再从意识到心灵全面减压。

5. 进入自然健康的生活方式

瑜伽提倡亲近大自然，呼吸更多的新鲜空气，提倡早睡早起，求实精进，真诚面对自己和他人，不放纵自己，多阅读，多思考。配合悠扬的音乐，瑜伽还可以陶冶情操，促进身体代谢；可以帮助人学会控制自己的情绪，戒躁戒怒，随时保持良好的心态。其实，瑜伽的练习是一个能够真正地带领大家走入自然健康生活方式的过程。

四、大学体育中的瑜伽

狭义的瑜伽会被认为仅仅是一种身体练习的方法，通过拉、伸、挤、拧的瑜伽姿势，帮助人们伸展筋骨、调理内脏，以增强身体机能。在各种健身房、工作室中，无论人们将瑜伽冠以何名，都是相对注重形体和生理上的，这的确是让人了解并进入瑜伽的最直接的方法，也是人们摆脱对瑜伽“无知”状态最简易的方式。但大学开设瑜伽课程，绝不只局限于简单的拉伸练习，大学生在接受这些瑜伽体式时，应遵循瑜伽“身心合一”的原则，将求实、内观、专注、精进、凝视、沉思与体式和呼吸完美地结合，以达到身、心、灵的完美统一，这也正是体育教育的最终目的。单纯的身体运动的确是体育教育的目标，但使体育运动能够调节、推动大学生身心平衡发展才是体育教育的高级目标。

（一）大学体育瑜伽的教学内容

大学体育瑜伽的教学内容包括理论课和技术课两部分。

1. 理论课

（1）向大学生讲授瑜伽的基本理论知识，包括瑜伽的起源、发展、特点、锻炼价值和大学体育瑜伽的核心教育观，使大学生对瑜伽有一个全面的了解。

（2）向大学生讲授瑜伽练习的几个重要阶段，以及每一个阶段的入门方法和精髓，强调只有同步练习这几个阶段才是真正意义上的瑜伽，为下一步的教学引导正确的方向。

（3）向大学生介绍瑜伽练习的独立知识点，为技术教学打下良好的基础。

（4）向大学生介绍做瑜伽运动时的运动生理和人体保健知识，为大学生建立终身体育思想打下良好的基础。

2. 技术课

（1）以国家体育总局颁布的 180 个瑜伽体式为参考依据，详细介绍每一类动作中具有代表性的 2～4 个体式，其余体式作为拓展学习内容。

（2）学习校本教程规定套路的体式串联。

（3）介绍功能性练习的瑜伽序列。

（4）介绍国家颁布的大众锻炼标准。

（二）大学体育瑜伽的核心教育观

传统瑜伽并不是以体式为核心，而是制戒、内制、体式、呼吸控制、制感、摄心、冥想、三摩地 8 项（也称 8 支）并持、同修，这才是完整意义的瑜伽修习。它不但可以强身健体，还可以引领人们控制欲念，完善自我。人们可以从不断地挑战自我和克己中找到各种矛盾的平衡点。这其实正是瑜伽流传数千年经久不衰的重要原因。

将瑜伽引入大学体育课程，应更好地保留其健体、修心、育人的思想精髓，摒弃其过于抽象及具有发源地神秘色彩的神话情节，与我国传统文化积极地嫁接，植入我国高等教育理念，以更好地服务于大学体育教育。

瑜伽最大的魅力是内外兼修。大学生在注重身体练习的基础上，更应传承其修心自律的宗旨。笔者根据多年的教学实践，并结合当前大学生存在的各种问题，将瑜伽 8 支重新梳理为以完善身、心、灵三个层面为宗旨的修习过程，即调身、精进、心斋合一。

首先，进行身体层面的练习，提高生命的长度；其次，进行身心的调节，只有拥有健康的心理和行为，才能调节个体与社会层面的各种相互关系，以此来增加生命的宽度；最后，追求品德的高尚，也是大学生个体观念、思想、信仰等精神层面的价值体现，从而提高生命的高度。将身、心、灵三个层面完美地融合就是大学体育瑜伽课程的终极目标。

1. 调身

瑜伽的身体练习从来都不只是身体姿态的各种变化，要想做到在练习中真的不攀比、不懒惰，严格执行身体练习的宗旨——“让动作行走在身体极限的边缘”，就要懂得内观和调息。内观可以先从调息开始去认识自己的身体，然后将其融入身体实践中，配合呼吸去做真正的瑜伽身体练习。

（1）调息。

简单地说，调息就是调整气息，也就是调整呼吸。调息是呼吸的延长和控制。从某种意义上讲，人的生命可以以呼吸的次数来计算，由于呼吸是人体的一种代谢形式，因此以呼吸形式出现的气也可以说是一种生命能量，这种生命能量的多少、质量的优劣，也可以直接影响人的身体好坏和寿命长短。所以，遵从正确的节律，缓慢深长的呼吸，有助于积累更多的能量，而呼吸的延长相当于生命的延长。控制了呼吸就控制了身体，控制了呼吸就控制了心灵。呼吸是生命的特征之一。

在瑜伽练习中，呼吸被认为是连接人体内外的桥梁，也是身体和自然之间相通的纽带。人们的情绪变化、行为和健康发生的微妙改变都会引起呼吸节律的变化。瑜伽中的呼吸不仅仅是呼与吸的循环，也不只是深呼吸，其意义还在于连接生理层面与精神层面，通过呼吸可以控制人的情绪，让心情变得平静，使呼吸与心相连接，所以呼吸是瑜伽的精髓。

（2）内观。

人们特别善于向外看，看外界的人、事、物，却常常忽略向内看，忽略关注自己，关注自己的心和感受，甚至忽略了自己身体细微的感知。人们在不知不觉中用一个姿势看了 3 个小时的手机，肩膀早已不在一个等高线上，本应该笔直的脊柱已经形成了“C”形甚至“S”形；在不知不觉中呼吸变浅了，心脏的搏动慢慢变得无力了，徒步上三层楼的台阶要休息两次；更在不知不觉中已经忘记了自己的初心是什么，忘记了潮流涌动带着人们走的路途是否是人们原本想要的，人们甚至变成了手机、电脑、游戏的奴隶。

内观其实就是将节奏放慢，把杂念抛却，静下心来向内看，更多的是关注自己，关注自己最真实的内心感受。内观是向内观察自己身心的一个方法，内观使人能以安详的心态去面对生命的起伏。学会内观，也就更好地学会了停留、学会珍惜当下。内观也是解决身心痛苦的一剂良药，是使内心慢慢净化的过程。

内观的初级阶段，应借着凝视来排除杂念，关注自身的呼吸，从而来提升对自己的专注；关注自己的心跳，关注并感受血液在体内流动的速度变化，关注身体每一处关节、骨骼、肌肉的微妙变化，最终使自身的觉知能力越来越敏锐。

（3）体式。

体式即身体的姿势。瑜伽体式是指一系列配合呼吸、围绕脊柱进行的身体姿势练习，并不是自己的动作与教师相似或看起来“一样”就可以的，瑜伽的动作形成需要找到根基，建立身体的空间，并伴随着螺旋发力。

单就体式动作而言，大学体育开设瑜伽课更注重身体健康养护和身体机能的锻炼，强调做动作的前提一定是关节稳定，让动作在没有附带伤害的情况下正确地完成；关注骨骼的健康发育状况，纠正大学生常见的不良身体姿态，使肌肉的动力性和静力性力量同步发展，重视大学生身体左右对称、上下均衡地发展，同时教会大学生只有在合理的呼吸配合下才能很好地完成练习动作。

瑜伽体式借由一些扭转、弯曲、伸展等静态或动态动作的练习来刺激腺体、按摩内脏，有放松神经、伸展肌肉、强化身体、镇静心灵等功效。瑜伽体式关注身体练习，但又不仅仅关注身体练习，更重要的是要求人们在体式练习的过程中，身体要与意识紧密地联系，用内观和调息来辅助找到体式的练习感受，也就是要在不伤害自己身体的前提下去试着不断地超越自我，让体式行走在自己身体极限的边缘，时刻关注自己身体的微妙变化，以寻求动作的精准性。瑜伽的练习更像是一种休闲运动，不提倡把它当作一项竞技运动，它所培养的体育品性更注重的是坚持与挑战自我，能打败对手并不强大，能战胜自我才是更好。

2. 精进

精，即专一、精华、浓缩，去除杂质之后的东西或专一的行为。进，即上进、前进。精进其实就是专一地上进。

（1）进取。

做事要努力向善向上，更要不断地挑战自己的极限，反复学习，多次操作，不懈怠、不放逸，更不懒惰。

（2）专注。

上进没有错，但同时需要“精或者专一”，即专注。专，即单纯、独，集中在一件事上。注，即灌进去、注入，精神、力量集中在一点。专注指练习者专心于某一体式动作或日常活动的状态，保持专注，使大脑进行感知、记忆和思考。

（3）求实。

在练习时要思想真实，言辞真实，并且活得真实，坚持客观、冷静地观察思考，以求得对客观实际的正确认识。做人、做事、做学问不可弄虚作假，要脚踏实地、实事求是。求实的基本内涵是尊重科学，追求真理，无畏地修正错误。在科学技术对整个社会的教育功能中，求实已经成为基本的常识。人的求实精神、态度和行为的统一被视为做人的较高德行。

综上所述，这三个方面才是精进的含义。把多少时间花在学习上并不重要，重要的是把多少时间有效地花费在学习上。也许这个世界有天才，可以做到一心二用，但是，对大部分人来说，还是一心一用比较好。所以，专心致志地学习一小时比漫不经心地学习十小时都有效果。专心致志地学习（练习）就是精进，专心致志就是“精”，做事就是“进”。

3. 心斋

心斋的修习可谓是人的精神生命，是个体情感、观念、思想和信仰的价值体现。要做到有一颗素心，就要把自己的心腾空了，让“大道”聚集在空明澄澈的心中，完成心灵的斋戒。心灵的斋戒就是要做到把心打扫得干干净净，然后在放空心灵之后去看清自己，做最正确的判断，把一切外在干扰都放下，一个人如果真能把外在的物质放下了，做到心斋，对我们来说其实很难，即使如此，我们也应通过心斋来看清自己，找回初心，这样也就完成了内心的坚持。凝神、冥想、禅定都是最好的辅助练习方式。

（1）凝神。

凝神是在专注的前提下学会放空自己，是在凝视的基础上来完成的。大学生活可谓丰富多彩，网络信息越发达越会抢占原本属于自我的“自由”生活，学习的节奏也就变得越来越快，人们也许越来越没有方向感，越来越焦躁、烦闷、抑郁。越来越多的大学生需要寻找对策，找回真实的自我，这时可以通过瑜伽凝神来放松自我，找回本心。凝神可以通过静坐、仰卧、站姿或凝视（凝视烛光、花瓣、天空、星辰等）配合以稳定、流畅、深长的呼吸进入。凝神可以舒缓神经系统，让人淡定、平和、从容。注意力的专注和大脑活动的平静，便可以把人们带入一种放空的状态，不仅可以稳定人们起伏躁动的情绪，使紧张的大脑得到适当的休息，还可以不迷失于过去或未来，活在当下，用心且事半功倍地做好眼前的每一件事。

（2）冥想。

冥想可以促进人体血液循环，消除生活中的烦恼，增进健康；可以使大脑处于静定状态，把散乱的心安定下来，使心境达到清净安详，使气脉自然通畅，是修身养性的最佳方式之一。简单地说，冥想的意义就是使一个人更平静，通过冥想可以使人们更加智慧地去生活，变得更加有创意，可以提高自我觉醒的意识，提高记忆力，解除压力，稳定情绪，让大脑休息，从而使人重新恢复活力。

冥想可以静坐的形式来完成，初次冥想如果不能顺利地静定也不要勉强，可以稍微调整一下，放松一下心情再继续。大学生最好能够在教师的指导下进行静坐练习，不要盲目，也不要过于急躁。冥想时应处于一种清醒与睡眠之间的状态，对外的一切意识活动停止，但潜意识的活动更加敏锐活跃，从而获得深度的宁静，进入一种"忘我之境"。

（3）禅定。

一心审考为禅，息虑凝心为定。禅与定都是令心专注于某一对象，而达到不散乱的状态，静坐敛心，专注一境，即为禅定。

当一个人接触外界多了，看到的事物多了，体会的感情多了，就会自然而然地产生更多的想法、更多的追求，也希望自己达到某一高度或某一层次的生活，或想要达到某种快乐的情感体验。但个人的能力、水平、修养、环境、机遇等因素综合在一起很难如愿，这时人们便产生痛苦、焦虑，就会心神不定，而此时能让思维专注、让心回归单纯、放下诸多不切实际的想法就尤为重要了。瑜伽就是通过呼吸、冥想控制心灵的活动，使欲望消减，再通过不断地练习而获得身心的稳定，这时便会让人们找到自己应有的位置。

大学瑜伽修习的终极目的就是寻找真正的自我，包括身体练习时的感受必须真实，必须始终与事实保持一致，使身、心、灵达到完美的统一，最终与自然和谐地融合在一起。

（三）大学体育瑜伽的功能、特点、要求

1. 大学体育瑜伽的功能

（1）对现行体育教材内容的丰富和补充。

瑜伽课程不仅有助于课程教学目标中的运动参与目标、运动技能目标的实现，也有助于课程教学目标中社会适应目标、心理健康目标的更好实现，也会为学校课程改革提供一种新的思维模式，更有利于为大学生建立一套适合其身心发展的教学体系，对学校和大学生的发展起着积极的作用。此外，瑜伽课程也是对现有课程的一种补充，对大学生学习内容的一个提升。瑜伽课程不仅仅是文字的传播，还有声音和运动的结合，能够使大学生更好地感受教学的快乐，而将舞蹈、太极、形体、体操等科目很好地融入进去，可有效改善传统的教学方式。

（2）有助于大学生终生体育意识的培养。

瑜伽的练习与其他运动方式不同，它不受场地、性别、年龄的限制。瑜伽的练习可以锻炼力量、柔韧、平衡；改善心肺功能；减脂、塑形；缓解压力和紧张；排除体内毒素，预防和辅助治疗一些疾病，增强活力、生命力和延长寿命；激发创造力，增强记忆力，提高思维能力，集中注意力。瑜伽是一项普通大众都可以进行练习的运动，它提倡人人参与的原则，是相对安全且不受任何限制的体育运动。瑜伽可以使大学生养成终身参与体育锻炼的习惯。

（3）有利于大学生身心健康。

瑜伽的全方位性使练习者在塑造完美体形的同时心灵回归到宁静、祥和、自信的状态。科学、合理地把瑜伽运用到体育教学中可以缓解大学生的压力，提高大学生的身体机能和学习效率。

瑜伽课程的难易程度可根据不同大学生的整体情况去调整，体式可难可易。有针对性的瑜伽练习，可改善大学生因长期不良的坐姿造成的脊柱变形、驼背、圆肩等情况。

瑜伽练习的主动性可以使大学生摆脱无可奈何的消极情绪，促进身心健康，走出亚健康状态。

2. 大学体育瑜伽的特点

（1）瑜伽适宜的人群无任何条件的限制。

瑜伽不但适合女生练习，更适合男生练习。瑜伽的牵拉动作可以让身体韧性十足，力量性练习可以强健肌肉力量，使身体线条更加清晰，所以长期练习瑜伽，可以使女生身体挺拔紧致，男生身体刚劲有力、轮廓清晰。瑜伽不仅仅适合身体柔软的人群，更适合身体僵硬的人群，身体柔软的大学生练习瑜伽可以帮助其在更正确、安全的情况下提高身体的柔韧性；身体长期僵硬的大学生，虽然在初始阶段很难达到动作的标准位置，但这正是大学生最应改善的身体状态。瑜伽练习不仅适用于心肺功能较差的人群，而且也适用于心肺功能较强的人群。在瑜伽练习过程中选取的动作，不仅会选择静止、单一练习方法来迎合心肺功能较差的人群，还会选择节奏瑜伽和大量的力量连接性体式来满足心肺功能较强的大学生群体。

有些运动项目有一定的人数限制，如球类运动受人数所限有时只能在场边观望；而瑜伽在这方面的限制就较少，瑜伽练习可以是独自一个人，也可以是成百上千人一起，而且瑜伽在动作编排上，可以针对不同锻炼者有目的地进行动作练习。有些运动项目受到年龄的限制，由于练习者年龄太小，可能对复杂的动作要领不容易掌握，就使此项运动受到限制；有些运动项目运动强度太大，其运动负荷又把老年人拒之门外。而瑜伽从开始学习的那一天起就可以作为终身的运动方式。

（2）瑜伽不受场地的影响和健身器材的限制。

我国大学始终面临着场地设施短缺的问题，特别是综合类大学，大学生人数较多，场地的人均占有量低，体育运动的场地设施短缺问题较为突出，所以有些运动项目由于场地、最基本的健身器材短缺而无法开展，而瑜伽不存在这方面的问题。许多人对瑜伽练习场地的认识存在误区，认为瑜伽属于室内运动，其实并不是这样，瑜伽同样可以在操场、广场等室外场地进行，或者只需要一小块能够伸展自如的场地就可以，音乐播放的设备都是可有可无的。

（3）瑜伽消费少，完全适合作为大学生健身的推广项目。

大学生的体育消费能力较低。瑜伽是投资较少的体育项目，对练习条件的要求相当低，只需要一张不容易滑脚的席子或毡子即可。衣着方面，穿着宽松、舒适的衣服即可。

（4）瑜伽的体式繁多，动作功能多样。

瑜伽姿势优美、体式多样、功能性强，这也是人们喜爱瑜伽的一个重要因素。瑜伽的体式，也就是姿势，一般分为动态姿势和静态姿势。动态姿势是在练习过程中，通过对身体的伸、屈、扭、转，带动体内液体流动和气道流通，调整各腺体分泌平衡，放松身体。动态姿势可以使皮肤、肌肉增加弹性，灵活身体关节，强健肺部，促进身体血液循环和新陈代谢。静态姿势是指完成一个动作常常要保持几分钟或者更长的时间，静态姿势的练习在于轻柔地按摩内脏器官、腺体和肌肉，以及在放松全身神经的同时，调和内心，给心理带来安宁。所以，瑜伽的功能性更好地体现了瑜伽的价值，而优美的动作和姿势的多样化也使瑜伽受到大众的喜爱和关注，凸显了瑜伽在全民健身项目中的独特魅力。

（5）瑜伽调和身心、内外兼备。

瑜伽对人体的生理、心理、精神等方面起到良好的调节作用。这便是瑜伽在大学健身推广项目中独树一帜，区别于其他运动项目的地方。瑜伽注重内外统一，练习瑜伽不仅有助于人们锻炼身体、增强体质，还能消除人们的心理压力，使人们达到身心健康的最佳状态，是一项内外兼修的健身项目。

（6）瑜伽是一项便于指导和传播的健身项目。

推动瑜伽项目在大学的发展，可充分利用瑜伽练习书籍、公众号、App 等相关信息。它们充当瑜伽练习指导的第二个角色，受到了大学生的喜爱。由于瑜伽对场地的条件无特殊要求，个人在室内对照 App 的练习十分可取，这样就大大地解决了大学生对健身项目指导的需求，使大学生在闲暇时间也可以灵活练习。瑜伽带给大学生身心的美好体验，建立了瑜伽良好的口碑，通过在不同场合与不同人群的交流，使瑜伽慢慢走进了大学生的生活。

3. 大学体育瑜伽练习的要求

（1）呼吸控制。

呼吸是瑜伽练习的重要部分，也是瑜伽练习能否收到效果的关键所在。呼吸控制并不是深呼吸，在呼吸控制中，大脑和身体要保持放松，气息轻柔地吸入，轻柔地呼出。在呼吸控制中，大学生需要完全专注于细微的呼气、吸气，以及自然的屏息。

（2）专注自我。

专注力指的是一种思维觉察力，特别是指对自己的思想、感受、行为等的觉察力。在瑜伽练习过程中程度的把握很重要，人在完全放松的状态下，柔韧性最好，也只有充分放松才能抛开一切杂念，做到足够专注。专注自己，用心聆听每一次顺畅的呼吸，用心感受身体的每一次伸展，仿佛自己是一幅动态的画，同时又是一名超凡脱俗的观察者。

（3）动作精准。

瑜伽通过姿势精准的方式调整身体、舒展紧张的肌肉和僵硬的关节，可增强柔韧性和力量。这对日常生活中预防意外伤害的发生有帮助。

4. 大学体育瑜伽练习的注意事项

（1）选择瑜伽服装的建议。

在做瑜伽练习时，选择塑形紧身的专业瑜伽服饰或棉质、弹性适宜的宽松运动类服装。为了提高练习时的稳定性，以赤脚为佳。如果温度得不到保证，可以穿着棉袜或较柔软的软瑜伽鞋练习。练习时最好取下手表、眼镜、腰带及佩戴的饰品。

（2）瑜伽备品清单。

一块防滑的瑜伽垫（初学者建议使用带有体位线标记的瑜伽垫）、一条瑜伽铺巾（易于清洗更卫生）、一条瑜伽毯（保暖）、一个泡沫轴（辅助工具）、瑜伽砖（辅助工具）。

（3）瑜伽练习时间。

只要有时间，大学生可以随时随地练习瑜伽，在不同的时间选择不同的技法进行练习。但要达到较好的效果，就要选择最佳的时间段进行练习，一般清晨和黄昏是练习瑜伽的最佳时间。早晨肠胃基本排空，大脑清醒，思维尚未活跃起来，非常容易进入瑜伽的练习状态；黄昏，经过一天的学习生活，身心疲惫，练习瑜伽可以静心、调适脊柱、伸展全身，达到缓解疲劳的效果。实际上，应根据练习者自己的生活方式选择最为方便的时间，最好每天都能在同一时间段练习。如果学习非常忙，且时间不能固定，可以随时随地练习，只要掌握了瑜伽通用原理和练习要点，就会有大的收获。

（4）练习地点选择。

练习时最好选择室外的草坪或土地，不宜在水泥地、室内过硬的地板及太软的床上进行练习。选择的地点应安静，室外要注意庇荫防虫，室内要注意通风。

（5）饮食状态。

由于瑜伽的动作全部都是围绕脊柱进行的，前屈、扭转、后弯类动作较多，所以瑜伽练习不宜太过饱腹，等到食物有所消化或吃五分饱再进行；也不宜空腹练习，可以在练习前喝一杯牛奶、咖啡或者吃一个水果。

（6）根据个人的身体状况。

体检未达标者须在医生指导下选择适当的动作进行练习。术后半年不宜练习高难度动作。女生生理期不要练习倒置类体式和腹部过度挤压的动作。

第三章　瑜伽体式

一、预备体式

（一）山式站姿

（1）动作（图 3-1）：

两脚并拢站立，第二根脚趾向前，微收下颌，目视前方。站立时，两脚五趾张开均匀受力。

重心均匀分布在两脚上，脊柱向上伸展，腰背挺直，膝关节向前。两臂于体侧自然下垂。

（2）呼吸：保持自然呼吸。

（3）要点：脊柱保持正常生理曲度，骨盆保持中正稳定，两膝不可超伸。

（4）功效：强健臀部肌肉，促进脊柱与骨盆正位，通过伸展脊柱矫正不良体态，防止因衰老而引起的脊柱老化。

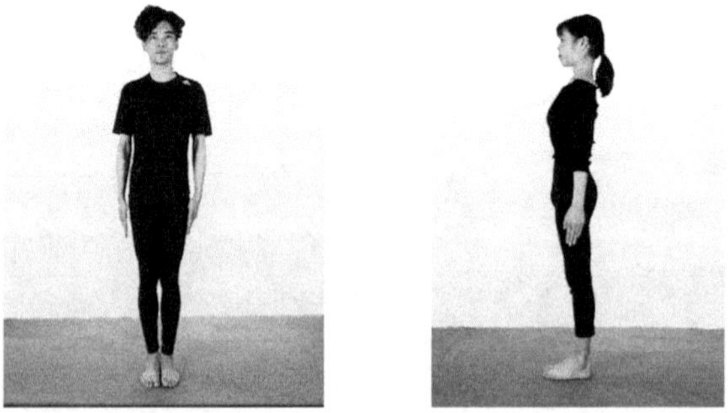

图 3–1　山式站姿

（二）山式坐姿

（1）动作（图 3-2）：

坐于垫上，坐骨下沉，尾椎内收，伸直腰背，两腿并拢，勾脚尖。

两手放于臀部两侧，目视正前方。

（2）呼吸：保持自然呼吸。

（3）要点：保持脊柱中立伸展，坐骨和垫面相贴。腰背自然伸直，保证脊柱持续向上延伸的力量，身体上提。

（4）功效：促使脊柱与骨盆正位，有助于缓解肩背部的压力和紧张感，扩张胸部，消除双肩的紧张感，强化腹部器官功能。

图 3-2　山式坐姿

（三）金刚坐姿

（1）动作（图 3-3）：

两膝分开，与髋同宽；跪地，两脚脚跟外展，臀部坐于两脚脚跟之间，稍离开垫面；腰背伸展，脊柱伸直。

两肩自然下沉，两手置于大腿前侧，目视正前方。

（2）呼吸：保持自然呼吸。

（3）要点：双肩后展，打开胸腔。臀部坐于两脚脚跟之间，腰背自然伸直。两膝分开距离不宜过大，略同髋宽。

（4）功效：美化腿部线条，灵活下肢关节，促进骨盆区域血液循环，促进消化，有助于安定情绪。

图 3-3　金刚坐

（四）仰卧式

（1）动作（图 3-4）：

仰卧。

两脚外八字分开，与肩同宽；两手放于身体两侧，掌心向上，自然打开。将注意力分散到身体的各个部分，微闭双眼，全身放松。

（2）呼吸：保持自然缓慢的呼吸。

（3）要点：身体保持放松。腰背尽量贴合垫面，下颌微收，保持双肩远离双耳。

（4）功效：可以让腹部内外肌肉得到充分活动和锻炼，消除腹部多余脂肪，降低血压，缓解失眠。

图 3–4　仰卧式

（五）婴儿式

（1）动作（图 3-5）：

跪坐在脚跟上，两膝分开，与髋同宽。

髋向前屈，腹部贴于大腿，额头触地，手臂后伸，掌心向上。

（2）呼吸：吸气时伸展，呼气时前屈至额头触地。

（3）要点：额头触地，拉长背部，臀部尽量保持贴向脚跟。

（4）功效：挤压体内脏腑器官，促进血液循环，延展手臂及背部肌肉，按摩大小腿肌肉，拉伸足背韧带。

图 3-5　婴儿式

二、前屈类体式

（一）直角式

（1）动作（图 3-6）：

山式站姿。

站于垫面中心，臀部收紧，脊背挺立，两腿并拢，手臂放于身体两侧，两手十指交叉，手心相对放于体前。

吸气，手臂移动至举过头顶，上臂贴耳侧。

呼气，以脊柱底部为支点，上身向前向下弯曲，直到背部与两腿形成一个直角，在此过程中，两手始终交叉，保持正常呼吸。

（2）呼吸：保持几组呼吸，然后还原。吸气时伸展，呼气时前屈。

（3）要点：手臂、背部与垫面平行，保持脊柱伸展，膝关节不可超伸。

（4）功效：纠正驼背、脊柱侧弯，消除紧张感，加强腿部及身体核心力量。

图 3–6　直角式

（二）增延脊柱伸展式

（1）动作（图 3-7）：

山式站姿。

两臂经侧上举至头顶，上臂靠近双耳，掌心向前，延伸脊柱，屈髋，两臂带领身体向前，两手抓住脚踝，保持躯干伸展；目视下方。

（2）呼吸：保持几组呼吸，还原山式站姿。吸气时延伸脊柱，呼气时身体前屈。

（3）要点：腿后侧肌肉充分伸展，避免膝关节超伸，背部保持伸展，头部不可过分后仰，身体保持重心稳定。患有腰椎间盘突出症者不宜练习此式。

（4）功效：增强腹部器官功能，促进消化，活动髋部，伸展背部，滋养脊椎神经，放松背部肌肉，拉伸腿部肌肉。

图 3–7　增延脊柱伸展式

（三）单腿背部伸展式

（1）动作（图 3-8）：

山式坐姿。

屈左膝，膝外展，左脚掌抵在右大腿内侧，脚跟抵近会阴，右腿向前延伸，足尖向上；骨盆中正，两手从两侧向上延伸高过头顶，屈髋，上体自然伸展向前，腹部、胸部、额头依次贴近右腿，两手抓右脚掌或右手抓左手手腕。

（2）呼吸：保持几组呼吸，然后还原。吸气时伸展，呼气时前屈。

（3）要点：骨盆中正，体会背部、腿后侧的伸展。患腰椎间盘突出症、坐骨神经痛与疝气者不宜练习此式。

（4）功效：滋养脊椎，活跃颈神经，改善消化功能，刺激生殖系统，拉伸股后和背部肌群，提高髋关节灵活度，促进脊柱血液循环。

图 3-8　单腿背部伸展式

（四）站立前屈伸展式

（1）动作（图 3-9）：

山式站姿。

两臂从两侧上举，上臂靠近双耳，掌心相对，延展脊柱向上（不要耸肩）。

胸腔引领，屈髋向下，两手放在两脚两侧，掌根对齐脚跟，屈肘，腹部、胸部、额头依次贴近两腿。

（2）呼吸：保持几组呼吸，然后还原。吸气时延展脊柱，呼气时躯干贴腿。

（3）要点：两手放在两脚两侧，肘部指向后方，背部平展，下肢垂直垫面，膝关节避免超伸。

（4）功效：增强腹部器官功能，促进消化，拉伸背部及腿部后侧肌群。

图 3–9　站立前屈伸展式

（五）两腿背部伸展式

（1）动作（图 3-10）：

山式坐姿。

两臂从体侧举过头顶，微屈髋，上体自然伸展向前，腹部、胸部、额头依次贴近两腿前侧，两手抓脚掌或一侧手抓另一侧手手腕。

（2）呼吸：保持几组呼吸，然后还原。吸气时伸展，呼气时前屈。

（3）要点：腹部、胸部、额头贴近腿，背部充分伸展，两腿伸直，脚尖向上。患腰椎间盘突出症、坐骨神经痛与疝气者不宜练习此式，腰部有伤痛者在舒适范围内进行练习。

（4）功效：灵活脊柱，促进消化，促进下半身的血液循环，滋养生殖系统，拉伸股后和背部肌群，提高髋关节灵活性。

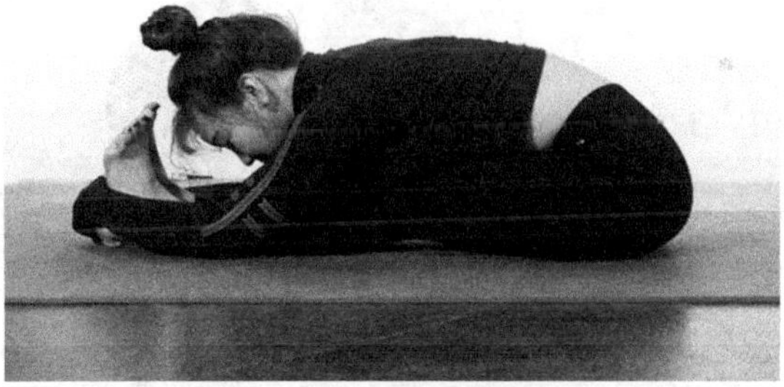

图 3–10　两腿背部伸展式

（六）花环式

（1）动作（图 3-11）：

自然站立，收肋收腹，挺直腰背，脊柱向上延展。

两臂前平举，屈膝下蹲，两膝外展，身体前倾，两臂从前向后环抱小腿，手握住脚跟，额头触地。

（2）呼吸：保持几组呼吸，然后还原。吸气时扩展胸腔，呼气时额头触地。

（3）要点：身体的重量要均衡地分布在两脚上，两脚脚跟并拢，充分拉伸腿部，稳住身体。

（4）功效：改善骨盆区域的血液循环，促进消化，缓解下背部疲劳，减轻压力，灵活髋关节，改善月经失调，减轻膝关节、踝关节炎症导致的疼痛。

图 3–11　花环式

（七）束角式

（1）动作（图3-12）：

山式坐姿。

屈膝外展，脚掌相贴，两手十指交叉握住脚背，脚跟靠近会阴，膝关节下沉；脊柱向上延展，身体前屈，两肘平放垫面，额头触地，坐骨下沉。

（2）呼吸：保持几组呼吸，然后还原。吸气时延展脊柱，呼气时身体前屈。

（3）要点：坐骨下压，脚跟靠近会阴，背部充分伸展，膝关节、肘部及额头尽量触地。

（4）功效：促进骨盆和腹部区域的血液循环，缓解坐骨神经痛，避免静脉曲张，减少分娩疼痛。

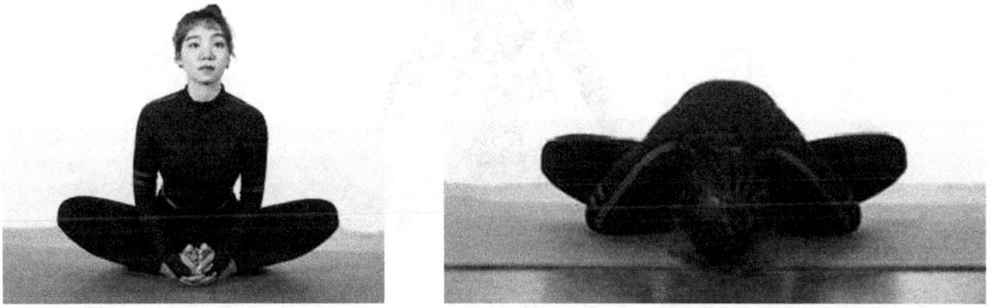

图3–12　束角式

（八）双角式

（1）动作（图 3-13）：

山式站姿。

两脚分开，略比肩宽；十指体后相扣，掌跟贴合；肩胛后拉，伸展脊柱；屈髋，上体前倾至头部置于两腿之间，两臂平行于垫面。

（2）呼吸：保持几组呼吸，然后还原。吸气时脊柱伸展，呼气时屈髋。

（3）要点：背部平直，两臂平行于垫面，上体贴向下肢，膝关节避免超伸。

（4）功效：增强腹部器官功能，促进消化，拉伸肩、胸、背部，拉伸腿部后侧肌肉。

图 3–13 双角式

（九）坐角式

（1）动作（图 3-14）：

山式坐姿。

两腿向两侧打开，两臂经体侧抬起至头部上方，掌心向前；躯干前屈，直至腹部、胸部、下颌及两臂贴近于垫面，两臂水平打开，以三指抓握大脚趾，脚尖指向上方。

（2）呼吸：保持几组呼吸，然后还原。吸气时脊柱延伸，呼气时上体前屈。

（3）要点：头、颈、躯干在一个平面内，下颌触地，两腿分开至极限，脚尖向上。

（4）功效：灵活髋关节，拉伸腿部肌群，按摩腹部，促进骨盆区域血液循环。

图 3-14　坐角式

三、后展类体式

（一）展臂式

（1）动作（图 3-15）：

山式站姿。

站于垫面中心，臀部、腹部收紧，脊背挺立。

两臂从身体两侧向上伸展至头顶，掌心向前；胸骨前推，打开胸腔，以手臂带动躯干向后上方伸展；稍收下颌，目视上方。

（2）呼吸：保持几组呼吸，然后还原。吸气时向上，呼气时后展。

（3）要点：胸腔打开，胸椎上提、后展，头部放于两臂之间，不可过分后仰，骨盆中正。

（4）功效：放松双肩，增强并强壮脊柱，纠正圆肩、驼背，伸展身体前侧。

图 3–15　展臂式

（二）新月式

（1）动作（图 3-16）：

金刚坐姿。

跪立，右腿向前迈一大步，右腿屈膝且不要超过右脚脚尖，两手置于右脚两侧，左腿的膝关节和脚背着地，髋部前移下沉；两臂经身体两侧向上抬起至头顶合掌，两臂带动脊柱充分后展；目视前上方。

（2）呼吸：保持几组呼吸，然后还原。吸气时延伸脊柱，呼气时脊柱后展。

（3）要点：骨盆中正下沉，胸腔上提、后展，前腿膝关节与脚尖指向正前方。

（4）功效：伸展大腿前后侧肌肉，促进骨盆区域血液循环，拉伸躯干前侧，伸展肩、背部，增强循环系统的功能，提高身体的平衡控制能力。

图 3-16　新月式

（三）眼镜蛇式

（1）动作（图 3-17）：

俯卧于垫面。

两手放于胸部两侧，指尖对齐肩膀，两手肘内夹，胸部上提，手掌推地，胸腔引领身体向上，伸展脊柱，肩胛后绕，胸骨前推，下颌微收；目视前方。

（2）呼吸：保持几组呼吸，然后还原。吸气时抬起，呼气时后展。

（3）要点：推起前，手指尖与肩平齐在一条直线；推起后，胸腔打开，胸椎充分上提、后展，脚背贴地，头不可过度后仰。

（4）功效：帮助恢复脊柱的柔韧性，增强腹部的弹性，强化上肢及背部肌群，缓解腰部不适，按摩腹内脏器，促进消化，灵活脊柱。

图 3–17 眼镜蛇式

（四）桥式

（1）动作（图 3-18）：

仰卧于垫面。

屈膝，两脚分开，与髋同宽，脚跟抵住臀部；手臂伸直，两手尽量抓住脚踝，依次抬起臀部、背部，上提胸腔并微收下颌。

（2）呼吸：保持几组呼吸，然后还原。吸气时准备，呼气时抬起。

（3）要点：手抓脚踝，两膝分开，与髋同宽，膝关节、脚尖指向正前方，小腿垂直于垫面，下颌内收至胸骨。

（4）功效：打开胸腔，缓解背部不适，恢复腰椎间盘移位，伸展按摩腹部器官，锻炼臀部肌肉。

图 3–18　桥式

（五）云雀式

（1）动作（图 3-19）：

金刚坐姿。

两臂经侧上行至侧平举，掌心向前，胸腔上提、后展，进入后弯，两臂向后展；目视斜上方。

（2）呼吸：保持几组呼吸，然后还原。吸气时胸腔上提，呼气时后展。

（3）要点：屈膝腿的膝关节指向正前方；骨盆中正，胸腔上提、后展，头不可过度后仰，手臂平行于垫面。

（4）功效：缓解脊柱压力，打开胸腔，拉伸臀部和腿部肌群，灵活髋、膝、踝关节。

图 3–19　云雀式

（六）骆驼式

（1）动作（图 3-20）：

金刚坐姿。

跪立，两膝分开，与髋同宽，脚背贴地；两手扶髋，肘内收，胸部上提，待身体稳定后两手离开髋部找向脚踝，大腿、手臂垂直于垫面；目视上方。

（2）呼吸：保持几组呼吸，然后还原。吸气时手臂上提，呼气时身体后展。

（3）要点：大腿及两臂垂直于垫面，胸腔充分打开，脊柱后展，头部不可过度后仰。

（4）功效：有助于矫正扣肩、驼背等不良体态，改善胸廓形态，增加脊椎和肩关节的灵活性，增加脊椎的弹性，伸展腹部，增强腰背肌肉力量。

图 3–20　骆驼式

（七）鱼式

（1）动作（图 3-21）：

仰卧于垫面。

肘内收，下压支撑垫面，胸腔上提，颈部后仰，头顶着地；两腿伸直，脚面绷直，整个背部形成弓形。

（2）呼吸：保持几组呼吸，然后还原。吸气时胸腔上提，呼气时还原。

（3）要点：胸腔充分上提、展开，头顶触地。患严重颈部疾病，高血压、偏头痛及严重的腰部或者颈部损伤的人群不适宜练习此体式。

（4）功效：舒展胸部和颈部，强化肩、背部肌群，缓解压力。

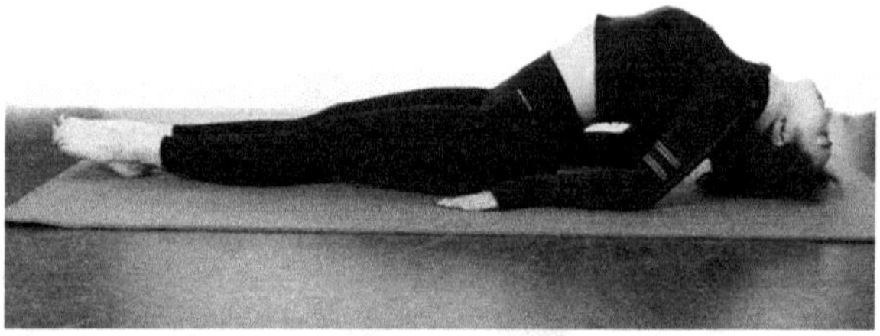

图 3–21　鱼式

（八）弓式

（1）动作（图 3-22）：

俯卧于垫面。

两腿向后伸直，脚心向上；两手伸展于体侧，掌心向上；头部摆正，下颏贴地，深呼吸。

两膝分开，与髋同宽，屈膝，手抓脚踝；头、胸、两腿同时上提，充分伸展脊柱，保持身体前侧、后侧的延展；目视斜上方。

（2）呼吸：保持几组呼吸，解开两手，缓慢还原于俯卧姿态。吸气时上提，呼气时后展。

（3）要点：两膝分开，与肩同宽；胸腔充分打开，头部不可过度后仰。

（4）功效：伸展脊柱，矫正驼背；强壮胸部和腹部肌肉，放松肩部肌肉，同时强壮手、腿、颈部肌肉；加速血液循环，滋养肺部、肝脏、肾脏、肠胃等器官，改善呼吸病症；防止便秘，促进消化。

图 3–22　弓式

（九）轮式

（1）动作（图 3-23）：

仰卧于垫面。

屈膝，两脚分开，与肩同宽，膝关节、脚尖指向前方，脚掌踩地，脚跟靠近臀部，两手放于耳旁，指尖朝向双肩；胸腔上提，两手推地，脊柱充分后展，臀部上抬，两臂伸直，小腿向中间夹，身体呈半圆形。

（2）呼吸：保持几组呼吸，然后还原。吸气时胸腔上提，呼气时脊柱后展。

（3）要点：两脚、两手分开均与肩同宽，脚尖与膝关节均指向正前方，手与脚之间距离尽量缩短，脊柱均衡后展。患严重腰椎间盘突出症者不宜练习此式。

（4）功效：伸展身体前侧，加强两腿力量，促进血液循环。

图 3-23 轮式

（十）单手鸽王

（1）动作（图 3-24）：

金刚坐姿。

躯干向左旋转，屈左膝，左脚抬离垫面，左手抓握左脚脚趾，手肘提拉向上，转肩，手肘指向上方；右臂经前向上，结智慧手印；保持胸骨向上推，脊柱向后展，头部尽量触脚；目视斜上方。

（2）呼吸：保持几组呼吸，然后还原。吸气时胸腔上提，呼气时脊柱后展。

（3）要点：保持两膝在一条直线上，大腿和臀部与垫面相贴，手肘上提，胸腔上推，脊柱后展。

（4）功效：提高脊柱的灵活性，增强腰背部肌肉，伸展前侧，促进血液循环。

图 3–24　单手鸽王

（十一）束轮

（1）动作（图 3-25）：

仰卧于垫面。

先完成轮式；依次屈手肘，使前臂与垫面相贴，额头触地，两手十指交叉环抱头部，手肘内夹。

（2）呼吸：保持几组呼吸，然后还原。吸气时延展整个脊柱，呼气时推身体向上。

（3）要点：脊柱充分延展，两肘内夹，与肩同宽；两脚分开，与髋同宽；两脚脚尖和膝关节指向正前方。

（4）功效：拉伸腹部肌肉，提高肩关节的灵活性。

图 3–25　束轮

四、侧弯类体式

（一）风吹树式

（1）动作（图 3-26）：

山式站姿。

站于垫面中心，臀部、腹部收紧，脊背挺立。

两手从体侧收向两耳，头部保持中正；呼气，身体向右侧弯，眼睛绕过左臂前侧，望向天空固定点；吸气，身体还原。

（2）呼吸：保持几组呼吸，然后还原。吸气时伸展，呼气时侧弯。

（3）要点：头在两臂之间，保持髋部中正，身体在同一平面上。

（4）功效：均衡伸展躯干两侧，缓解肩背部不适。

图 3-26 风吹树式

（二）三角伸展式

（1）动作（图 3-27）：

山式站姿。

两脚分开，约两肩半宽，左脚向左转 90°，右脚内扣第二根脚趾向前，左脚外侧着地；两臂侧平举，掌心向下；躯干向左侧延伸弯曲，左手置于左脚外侧垫面，右臂上举，两臂成一条直线，延展躯干；目视右臂。

（2）呼吸：保持几组呼吸，然后还原。吸气时手臂抬起，呼气时躯干侧弯。

（3）要点：身体保持在同一平面上，右脚跟与左脚足弓在同一条直线上，两臂成一条直线垂直于垫面，膝关节保留有空间，骨盆摆正，脊柱伸展。

（4）功效：增强膝、踝关节的稳定性，伸展腿部内侧、后侧、侧腰及手臂肌群，增强全面的力量，提高灵活性，开胸舒背、缓解疼痛，改善不良体态。

图 3-27　三角伸展式

（三）坐姿侧伸展式

（1）动作（图 3-28）：

山式坐姿。

左腿屈膝外展，回收左脚至脚掌与右腿大腿内侧相贴。

吸气时两臂向两侧打开向上，呼气时左手向右向下扶向右脚脚趾，手臂伸直贴向面颊，右手向下带动身体侧弯，指尖找向右脚脚趾。

转头，目视左上方。

（2）呼吸：保持几组呼吸，然后还原。吸气时伸展，呼气时侧弯。

（3）要点：下颌贴向锁骨，手臂贴向面颊，上侧肩胛向后展开，避免含胸拱背。

（4）功效：均衡伸展躯干两侧，拉长腿部肌肉，改善身体柔韧性，缓解肩背部不适。

图 3–28　坐姿侧伸展式

（四）门闩式

（1）动作（图 3-29）：

跪于垫面。

提右脚向外至右腿伸直，脚掌贴向垫面。

吸气时起身向上，两臂打开收向双耳，上半身与垫面垂直；呼气时右手向下找向右脚脚踝，左手带动身体向右侧弯，手臂伸直贴向面颊。

转头，目视左上方。

（2）呼吸：保持几组呼吸，然后还原。吸气时伸展，呼气时侧弯。

（3）要点：右腿保持伸直，左腿大腿与垫面垂直，保持髋部中正，上侧肩胛后展，避免含胸拱背，保持身体在同一平面上。

（4）功效：伸展脊柱，拉长腿部韧带，按摩挤压脏腑器官，缓解肩背部不适。

图 3–29　门闩式

（五）侧鸽式

（1）动作（图 3-30）：

山式坐姿。

两腿并拢伸直，两手放于臀部后侧，掌心着地。屈右膝，右脚跟放于大腿根部，左腿向左展开。上体微左转，屈左膝，左脚置于同侧肘窝处，两手于体前相扣，两前臂尽量端平成一条直线；两臂上抬绕至头后，脊柱立直；头转向右侧，目视前方。

（2）呼吸：保持几组呼吸，然后还原。吸气时伸展，呼气时沉髋保持。

（3）要点：前后膝关节在一条直线上，侧腰充分伸展，两肘与背部在同一平面上。

（4）功效：促进骨盆区域血液循环，拉伸臀部和腿部肌群，灵活肩、髋、膝、踝关节，缓解脊柱压力，增加腰部柔软度。

图 3–30　侧鸽式

五、扭转类体式

（一）简易扭脊

（1）动作（图 3-31）：

山式坐姿。

屈左膝，左脚放在右膝的外侧，脚尖向前，让脚掌压实垫面；右腿向前伸直；左臂经侧向上，身体顺势向左扭转；右腋窝抵住左膝外侧，右臂与左小腿相贴，右手抓左脚脚踝；左手放于臀部后侧，指尖向后；保持脊柱直立且与垫面垂直；保持背部伸展；转头，目视左手指尖延伸方向。

（2）呼吸：保持几组呼吸，然后还原。吸气时伸展，呼气时扭转。

（3）要点：后侧手放于臀部正后侧，让下颌和双肩在同一平面上，保持脊柱充分延展，扭转时保持脊柱直立，骨盆稳定，臀部压实垫面。

（4）功效：加强脊柱的扭转，提高脊柱灵活性，促进血液循环，按摩腹部。

图 3-31　简易扭脊

（二）半三角扭转式

（1）动作（图 3-32）：

山式站姿。

两脚分开，约两个半肩宽，脚尖稍内扣，两手侧平举；屈髋，胸腔引领向下至左手置于胸部正下方撑地，左臂垂直于垫面，延展脊柱，右臂带动脊柱向右上方扭转；两臂在同一条直线上，目视右手指尖方向。

（2）呼吸：保持几组呼吸，然后还原。吸气时延伸脊柱，呼气时扭转。

（3）要点：骨盆中正，两臂成一条直线并垂直于垫面，背部延展，脚尖向前或微内扣。

（4）功效：提高脊柱的灵活性，拉伸腰部和腿部后侧肌群，美化腿部线条，胸部得到完全伸展。

图 3-32　半三角扭转式

（三）扭脊式

（1）动作（图 3-33）：

山式坐姿。

屈左膝，左脚置于右膝外侧，脚尖与右膝成一条直线，脚掌踩实垫面；屈右膝，右脚置于左臀外侧；右臂向前向上延伸，身体向左侧扭转；右腋窝抵住左膝外侧，右手抓住左脚掌，左手置于臀部正后侧；感受背部伸展，脊柱垂直于垫面；转头，目视正后方。

（2）呼吸：保持几组呼吸，然后还原。吸气时伸展脊柱，呼气时扭转。

（3）要点：后侧手放在臀部正后方，下颌、双肩在同一平面上，脊柱充分伸展，扭转时应保持骨盆稳定，臀部压实垫面。

（4）功效：加强脊柱的伸展，提高脊柱的灵活性，促进血液循环，按摩腹部及内脏，强化腿部肌肉，放松肩关节。

图 3–33　扭脊式

（四）半莲花扭脊式

（1）动作（图 3-34）：

山式坐姿。

屈右膝，将右脚脚背放于左大腿根部靠近腹股沟处；右臂经侧先向上举过头顶再向下伸展，带动身体前屈，右手三指抓握左脚大拇指，伸直右臂，延展脊柱；左臂向前向上向后伸展，带动脊柱向左后方扭转；目视左手指尖方向。

（2）呼吸：保持几组呼吸，然后还原。吸气时延展脊柱，呼气时扭转。

（3）要点：屈膝腿贴合垫面，脊柱充分延展，保持坐骨与垫面充分连接。

（4）功效：提高脊柱的灵活性，缓解背部不适，放松肩关节，拉伸腿部肌肉。

图 3-34　半莲花扭脊式

（五）侧角扭转式

（1）动作（图 3-35）：

山式站姿。

两脚分开，约两个半肩宽，右脚向右转 90°，左脚内收约 60°，向右转髋，身体保持中正，呈一个平面；屈右膝，右臂经体侧向上伸展，向右扭转脊柱，同时左臂上臂抵右膝外侧，两手合掌，两前臂成一条直线；目视斜上方。

（2）呼吸：保持几组呼吸，然后还原。吸气时伸展，呼气时扭转。

（3）要点：后脚内收，小腿内旋，保持身体稳定，两前臂成一条直线，尽量垂直于垫面，前腿屈膝成 90°，身体保持在同一平面内。

（4）功效：加强躯干两侧、背部与两腿后侧肌肉力量，缓解背部不适，提高脊柱的灵活性，按摩腹部。

图 3–35　侧角扭转式

（六）三角扭转

（1）动作（图 3-36）：

山式站立，深呼吸，两腿分开 90~100cm，两臂侧平举与肩部持平，掌心向下，手臂与垫面平行。

右脚向右转 90°，左脚向右转 60°，保持左腿伸展，膝关节绷直。

呼气，躯干与左腿一起向右转，从而使左手贴近右脚外侧垫面。

向上伸展右臂，使其与左臂成一条直线，目视右手的拇指。

保持膝关节的绷直，右脚脚趾不要离开垫面，注意左脚外侧要与垫面接触。

伸展肩部，保持这个姿势 30s。

（2）呼吸：保持几组呼吸，然后还原。吸气时伸展，呼气时扭转。

（3）要点：膝关节绷直，脚趾不要离开垫面，手臂伸展时成一条直线。

（4）功效：加强背部两侧与两腿后侧肌肉力量，缓解背部不适，提高脊柱的灵活性；按摩腹部。

图 3–36　三角扭转

（七）加强扭脊式

（1）动作（图 3-37）：

山式坐姿。

屈左膝，左脚置于右膝外侧，左脚踩实垫面；屈右膝，右脚置于左臀外侧；右臂经外侧向上延伸，身体向左侧扭转，右腋窝抵住左膝外侧，右手穿过左膝的膝窝下方经体后抓握左手腕，背部充分伸展、扭转；转头，目视后方。

（2）呼吸：保持几组呼吸，然后还原。吸气时伸展，呼气时扭转。

（3）要点：一手在背后抓另一手手腕，下颌、双肩在同一平面内，脊柱充分伸展；扭转时应保持骨盆稳定，臀部压实垫面。

（4）功效：加强脊柱的伸展，提高脊柱的灵活性，促进血液循环，按摩腹部。

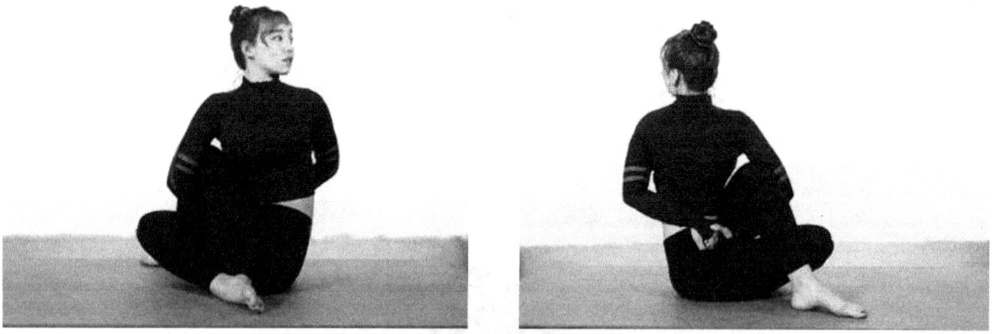

图 3–37　加强扭脊式

六、平衡类体式

（一）摩天式

（1）动作（图 3-38）：

山式站姿。

腰背挺直，两腿分开，与肩同宽；两手于体前十指交叉，两臂竖直上举，掌心向上；目视前方。

吸气，踮起脚尖，身体尽量向上伸展，感受整个背部的延伸，保持数秒。

呼气，脚跟落地，保持数秒。

（2）呼吸：保持几组呼吸，然后还原。吸气时伸展，呼气时还原。

（3）要点：骨盆中正，充分伸展腰背，双肩下沉，头部保持于两臂之间。

（4）功效：拉伸腿部肌肉，塑造腿部线条；有效防止乳房下垂；按摩腹部脏器，对腹直肌群和肠道有益，有助于治疗便秘。

图 3–38　摩天式

（二）树式

（1）动作（图 3-39）：

山式站姿。

屈左膝，将左脚置于右大腿内侧，脚跟靠近会阴，膝关节外展；两手合掌于胸前，或伸展至头顶上方；目视前方。

（2）呼吸：保持几组呼吸，然后还原。吸气时伸展，呼气时身体还原平直，形成山式。

（3）要点：脚跟尽量置于大腿根部，骨盆保持中正，身体保持在同一平面内，脊柱充分向上伸展。

（4）功效：缓解肩部不适，增强脚踝与腿部肌肉力量，提高身体平衡能力和专注能力，有效缓解扁平足。

图 3–39　树式

（三）船式

（1）动作（图 3-40）：

仰卧于垫面。

核心区收紧，两手、两脚和躯干同时上抬，重心放于坐骨，两臂伸直平行垫面，掌心向下，打开胸腔，延展脊柱，背部展平；目视脚尖方向。

（2）呼吸：保持几组呼吸，然后还原。吸气时准备，呼气时核心区带领四肢和躯干抬起。

（3）要点：两臂平行于垫面，脚尖向前，打开胸腔，后背延展向上。

（4）功效：增强腹部肌肉力量，紧实腹部；加强腿部肌肉力量；有助于提高身体平衡能力。

图 3–40　船式

（四）侧板式

（1）动作（图 3-41）：

金刚坐姿。

身体前倾，两手置于肩部正下方，两臂、大腿垂直于垫面，两腿依次向后伸直，脚尖点地，身体成一条直线，呈斜板式；右手移至两手连线中点的位置，右臂支撑，身体转向左侧，两脚并拢，右脚外侧推向垫面，同时抬起左臂向前向上，感受侧腰被唤醒，再次向上延展，使左臂与右臂成一条直线并垂直于垫面；头、颈、脊柱、腿保持在一条直线上，并与髋在同一平面内；目视前方，微收下颌。

（2）呼吸：保持几组呼吸，然后还原。

（3）要点：身体保持在同一平面内，两臂成一条直线并垂直于垫面，脊柱中正，两脚上下重叠，脚外侧推地。

（4）功效：强化手臂、双肩、背部与腿部的肌肉力量，加强身体平衡能力与协调性。

图 3–41　侧板式

（五）鸟王式

（1）动作（图 3-42）：

山式站姿。

屈膝，右腿缠绕于左腿上，右脚勾住左小腿；两臂前平举，左臂在上，两臂缠绕，两手合掌，拇指指向眉心；脊柱延展，屈膝下蹲；目视前方。

（2）呼吸：保持几组呼吸，然后还原。吸气时脊柱延展，呼气时屈膝下蹲。

（3）要点：两膝指向正前方，骨盆中正，背部平直。

（4）功效：提高平衡感和专注力，灵活四肢关节，强化手臂肌肉力量，放松背部，扩张胸部，扩张背部肌肉群，消除上臂及上背部多余脂肪，伸展两腿后侧韧带。

图 3–42　鸟王式

（六）战士三式

（1）动作（图 3-43）：

山式站姿。

两手经体侧向上至头顶上方两手合十；以髋关节为轴，上肢向前向下，同时右腿向后伸展，与躯干、手臂保持在同一条直线上，且平行于垫面，脚尖指向后方；目视垫面。

（2）呼吸：保持几组呼吸，然后还原。

（3）要点：膝关节不能超伸，手臂、躯干与后展腿成一条直线，且平行于垫面，髋部不能外翻。

（4）功效：增强腿、臀、背、肩部的肌肉力量，提高平衡能力，培养专注力和意志力。

图 3–43　战士三式

（七）站立抓趾平衡式

（1）动作（图 3-44）：

山式站姿。

右膝上提，右手从内侧用三指抓握右脚的大脚趾，左手保持平衡；伸直右腿，右臂向右侧打开且平行于垫面，身体保持在同一平面内，右髋下沉，两肩后展，目视前方。

（2）呼吸：保持几组呼吸，然后还原。吸气时上提，呼气时外展。

（3）要点：肢体在同一平面内，两臂成一条直线且平行于垫面，骨盆中正，支撑腿蹬直但不能超伸。

（4）功效：提升平衡能力，加强背部、髋部与腿部的肌肉力量，提高专注力。

图 3-44　站立抓趾平衡式

（八）鹤禅式

（1）动作（图 3-45）：

山式站姿。

两脚分开，与髋同宽，屈膝下蹲，两手置于两脚前方，两膝抵住腋窝；身体前移，肘微屈，同时两脚抬离垫面，大脚趾相触，小腿与垫面平行；目视鼻尖。

（2）呼吸：保持几组呼吸，然后还原。

（3）要点：膝关节抵住腋窝，头和脚在同一水平面内，背部舒展，肘内收，指向正后方。

（4）功效：提高身体平衡性，提高整体肌肉力量。

图 3–45　鹤禅式

（九）八曲式

（1）动作（图 3-46）：

山式站姿。

两脚分开，与肩同宽，屈膝下蹲；左臂移至两膝之间，右手放于右腿外侧，两手掌根落地，左腿放置在左上臂外侧，两脚踝交叉，左腿在上；屈肘成 90°，重心前移至手臂上，臀部抬起，伸直两腿向左侧打开；目视前方。

（2）呼吸：保持几组呼吸，然后还原。

（3）要点：两腿向侧方伸直，肘关节成 90°，两肩平展，胸骨前推。

（4）功效：加强手臂及腰腹力量，提高脊柱的灵活性，提高平衡力与专注力。

图 3-46　八曲式

（十）舞蹈式

（1）动作（图 3-47）：

山式站姿。

以左腿为例，屈左膝向后，左手抓握左脚踝，保持平衡；右臂抬起向上伸展贴于右耳侧；胸腔上提，延展脊柱，抬起左腿向后伸展；目视前方。

（2）呼吸：保持几组呼吸，然后还原。吸气时胸腔上提，呼气时身体后展。

（3）要点：髋部不可外翻，手从外侧抓脚踝，胸腔打开，脊柱向上伸展。

（4）功效：提高平衡能力与专注力，强化手臂、肩部、背部、髋部与腿部力量，提高自身气质。

图 3–47　舞蹈式

（十一）单腿起飞

（1）动作（图 3-48）：

山式站姿。

左膝弯曲，将左脚放在右大腿前侧，上半身折髋前送；两手触地，两手分开，与肩同宽，压向垫面，同时将左小腿放置在上臂后侧，重心前移，右腿向后伸直抬离垫面，与垫面平行，保持下侧颈部的伸展；目视前斜下方。

（2）呼吸：保持几组呼吸，然后还原。吸气时身体重心前移，呼气时抬腿向后。

（3）要点：屈肘成 90°，身体尽量保持在一个平面内。

（4）功效：加强手臂、背部、臀部肌肉力量，增强平衡感。

图 3–48　单腿起飞

（十二）起飞

（1）动作（图 3-49）：

金刚坐姿。

身体重心前移，两手撑地，屈手肘，同时左腿向前放在右臂后侧，重心再向前移，右腿向后抬离垫面，保持上臂与垫面平行，两腿尽量伸直，伸展颈部，保持平衡；目视前斜下方。

（2）呼吸：保持几组呼吸，然后还原。吸气时准备，呼气时向上抬起身体。

（3）要点：头部、背部和右腿成一条直线，两腿伸展成 90°，手肘内夹成直角。

（4）功效：增强手臂、背部和腿部肌肉力量，提高专注力与平衡能力。

图 3–49 起飞

七、倒置类体式

（一）下犬式

（1）动作（图 3-50）：

金刚坐姿。

身体前倾，两手置于肩部下方，尽量撑开五指，均匀地垂直向下用力，收紧手臂肌肉；肘眼相对，双肩下沉；两脚分开，与坐骨同宽，脚尖回勾落地，膝关节伸直，臀部上提，脚跟下压；腿部伸直，前侧肌肉收紧，膝关节处于稳定状态。

（2）呼吸：保持几组呼吸，然后还原。吸气时臀部上提，呼气时脚跟下压。

（3）要点：两脚分开，与坐骨同宽，两腿伸直；脚跟压地，两臂、头颈、后背保持在同一平面内。高血压患者或血糖偏低者谨慎练习。

（4）功效：改善头部血液循环，缓解疲劳；增强脑细胞活力，充沛精力；美化肩部，拉长脊椎；拉伸背部和腿部后侧肌群，增强手臂力量；强健小腿肌肉，缓解脚踝僵硬。

图 3–50　下犬式

（二）犁式

（1）动作（图 3-51）：

仰卧于垫面。

手掌发力推地，腹部用力抬起两腿，臀部、背部抬离垫面，两腿越过头顶，脚尖回勾点地；两肘内收，屈肘，两手抵住腰背部，保持背部直立。

（2）呼吸：保持几组呼吸，然后还原。吸气时准备，呼气时抬腿越过头顶，两脚尖落地。

（3）要点：后背展平并垂直于垫面，两肘内收撑地，与肩同宽，尾骨带领身体向上，脚尖回勾点地。有颈椎病、腰椎间盘突出和高血压等病的人不宜练习此式。

（4）功效：加强颈、肩部力量，按摩腹部，放松背部肌群，改善血液循环，调节甲状腺功能，缓解静脉曲张。

图 3–51　犁式

（三）肩倒立式

（1）动作（图 3-52）：

仰卧于垫面。

起腿，与垫面垂直。两臂下压，腹部用力抬起两腿，臀部、背部抬离垫面；两腿并拢时屈肘，两肘距离与肩同宽，两手掌推送腰背部，使躯干、两腿成一条直线，并与垫面垂直；下颌微收抵住锁骨；目视脚尖方向。

（2）呼吸：保持几组呼吸，然后还原。吸气时准备，呼气时两腿向上。

（3）要点：后背展平，两腿成一条直线且垂直于垫面，两肘内收撑地，臀部、背部抬离垫面。有颈椎病、腰椎间盘突出和高血压等病的人不宜练习此式。

（4）功效：加强颈、肩部力量，放松背部肌群，强化腹肌，改善血液循环。

图 3–52　肩倒立式

（四）头肘倒立式

（1）动作（图 3-53）：

金刚坐姿。

身体前倾，两手十指交叉，两肘分开，与肩同宽，置于前方垫面，头顶着地，头后侧抵在两手掌内；脚尖回勾，膝关节伸直，臀部上推，脚尖前移使臀部升至最高点；屈膝，两脚离地，大腿贴向腹部，收紧腰、背、腹部肌肉，背部保持与垫面垂直；膝关节伸直，直至躯干与垫面垂直。

（2）呼吸：保持几组呼吸，然后还原。

（3）要点：两肘分开与肩同宽，身体成一条直线且垂直于垫面，脚尖回勾，脚心向上。患严重高血压、低血压、心脏病者，女性月经期间不宜练习此式。

（4）功效：改善血液循环，加强颈、肩部力量，提高稳定性及专注力。

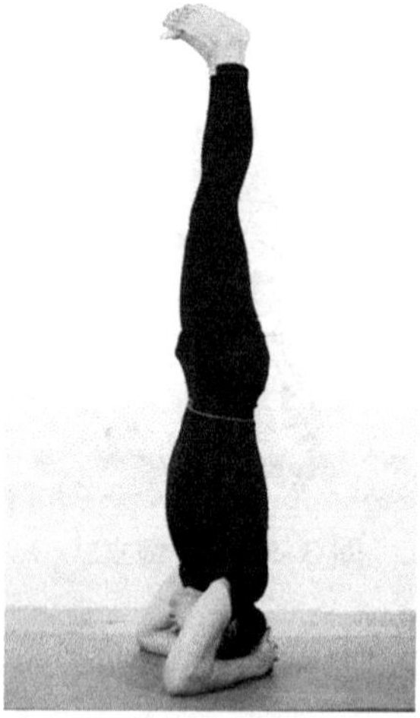

图 3–53　头肘倒立式

（五）头手倒立

（1）动作（图 3-54）：

金刚坐姿。

身体前倾，两手撑地，头顶置于两手中线稍前方，前臂垂直垫面，肘关节成 90°，向中间夹紧；脚尖回勾，膝关节伸直，抬起臀部，脚尖前移使臀部升至最高点，屈膝，两脚离地，大腿贴向腹部，收紧腰、背、腹部肌肉，背部保持与垫面垂直；膝关节伸直，直至躯干与垫面垂直。

（2）呼吸：保持几组呼吸，然后还原。

（3）要点：两手分开，与肩同宽，身体成一条直线且垂直于垫面，脚尖回勾，脚心向上。患严重脑血管疾病者、女性月经期间不宜练习此式。

（4）功效：改善血液循环，加强颈、肩部力量，提高稳定性及专注力。

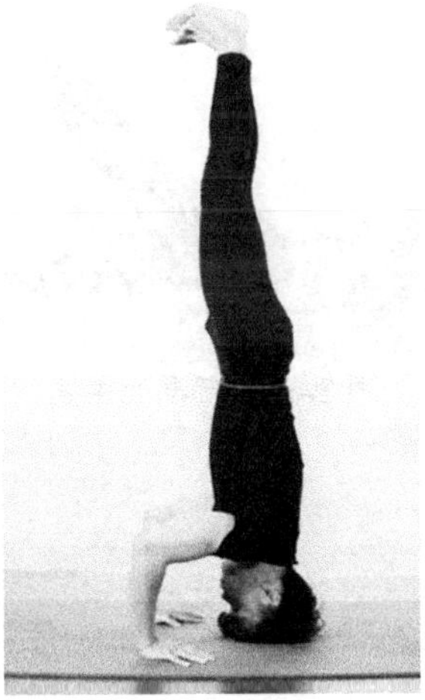

图 3-54　头手倒立

八、其他类体式

（一）简易蝗虫式

（1）动作（图 3-55）：

俯卧于垫面。

下颌触地，两手掌心向下，置于大腿两侧，紧贴腹部下方的垫面；抬头，下颌贴地；右腿保持伸直，平压垫面。吸气，左腿尽量伸直抬高，左髋下沉；呼气，收缩臀部，下落左腿，保持正常呼吸。

（2）呼吸：保持几组呼吸，然后还原。吸气时抬腿，呼气时下落。

（3）要点：脚背绷直，抬腿时保持髋部稳定。

（4）功效：有助于消化，并能够消除胃部疾患和胃肠胀气；增强臀、背部力量，挤压骨盆，释放骨盆压力。

图 3–55　简易蝗虫式

（二）幻椅式

（1）动作（图 3-56）：

山式站姿。

两手从身体两侧上举至头顶合掌，屈膝，膝关节不要超过脚尖，手臂、背部保持平直；目视前方。

（2）呼吸：保持几组呼吸，然后还原。吸气时伸展，呼气时下蹲。

（3）要点：膝关节弯曲不超过脚尖，后背保持平直且与两臂在同一平面内，头在两臂之间，避免塌腰、拱背。

（4）功效：能够缓解肩、颈部紧张，增强肩部关节的灵活性；改善消化功能；促进下半身的血液循环，滋养生殖系统。

图 3–56　幻椅式

（三）蝴蝶式

（1）动作（图 3-57）：

山式坐姿。

屈膝，两脚脚掌相合，脚跟靠近会阴，十指交叉抓握脚趾，躯干直立，两膝上提、下沉，反复练习；目视前方。

（2）呼吸：保持自然呼吸。

（3）要点：脚跟贴近会阴，两膝下沉时贴地，躯干自然伸直。

（4）功效：促进腹腔血液循环，有助于消除坐骨神经痛，预防疝气，提高髋关节的灵活性。

图 3–57　蝴蝶式

（四）八体投地式

（1）动作（图 3-58）：

金刚坐姿。

身体前倾，两手置于胸部两侧；脚尖着地，身体前移，屈手肘，下颌、两手、胸部、两膝及两脚尖与垫面接触。

（2）呼吸：保持几组呼吸，然后还原。吸气时准备，呼气时身体前移下沉。

（3）要点：两肘内收并指向正后方，两脚尖、两膝、胸部、两手掌、下颌贴地。

（4）功效：内脏倒置，促进内脏自我按摩，加强肠道蠕动，强化身体协调能力；加强手臂、腿部的力量，增强背部肌肉力量，提高上肢关节的灵活性。

图 3-58　八体投地式

（五）战士一式

（1）动作（图 3-59）：

山式站姿。

两脚分开，略宽于肩，左脚向左转 90°，右脚向内扣约 60°，脚下发力向左转髋，骨盆保持中正，两手经身体两侧向上抬起至头顶合掌，屈左膝至小腿与垫面垂直，脊柱向上延展，核心区收紧；目视前方。

还原时，脚掌发力推动身体，两臂还原，两脚向内收回至山式站姿。

（2）呼吸：保持几组呼吸，然后还原。吸气时展臂，呼气时屈膝。

（3）要点：屈膝呈 90°，肩关节外展，脊柱向上伸展，髋部中正，两大腿肌肉收紧。

（4）功效：增强髋、膝、踝关节稳定性及腿部力量，伸展腿部内侧、后侧、侧腰及手臂肌群，胸部得到完全伸展，增强人的平衡感及集中注意力的能力，纠正骨盆前倾。

图 3–59　战士一式

（六）战士二式

（1）动作（图 3-60）：

山式站姿。

两脚分开，约两肩半宽，左脚向左转 90°，右脚向内收约 30°；两臂侧平举，头顶向上拉长脊柱，屈左膝成 90°，转头向左，目视左手中指方向。

（2）呼吸：保持几组呼吸，然后还原。吸气时两臂侧平举，呼气时屈膝。

（3）要点：屈膝成 90°，骨盆中正；两臂成一条直线且平行于垫面，脊柱垂直伸展，身体保持在同一平面内。

（4）功效：增强髋、膝、踝关节稳定性及腿部力量，伸展腿部内侧、后侧和手臂肌群；刺激脊柱神经，使脊柱神经充满活力。

图 3-60　战士二式

（七）虎式

（1）动作（图 3-61）：

金刚坐姿。

身体前倾，两手置于肩部下方，手掌与肩对齐；两膝分开，与髋同宽，脊柱逐节伸展，扩展胸腔；吸气时伸右腿向后、向上抬起，右脚掌与枕骨相对；呼气时屈右膝、内收、屈髋，逐节拱背，低头时鼻尖与右膝相触，反复练习；低头时目视肚脐方向。

（2）呼吸：保持自然呼吸。

（3）要点：骨盆中正，抬腿的脚掌与枕骨相对，低头时鼻尖触膝；手臂垂直于垫面；支撑腿大腿始终垂直于垫面，脚背压实垫面；抬起的腿不要翻髋。

（4）功效：提高脊柱灵活性，放松肩颈，增强手臂、腿部及臀部肌肉力量。

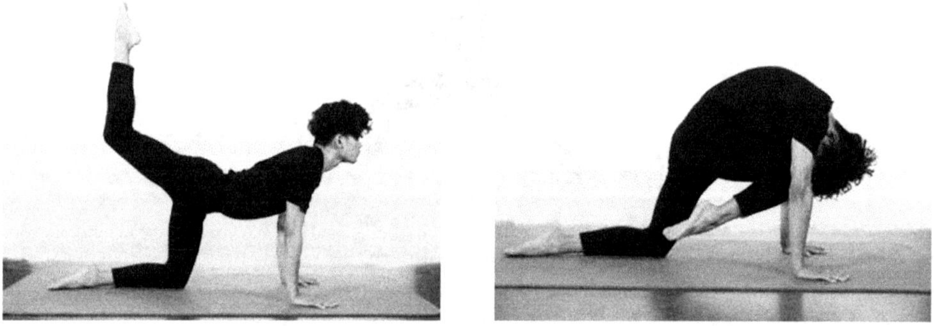

图 3–61　虎式

（八）蛙式

（1）动作（图 3-62）：

俯卧于垫面。

两脚分开，与肩同宽，屈膝，两手于体后分别抓握两脚脚背，将两脚压向臀部两侧，同时胸腔和头部向上抬离垫面，肘关节指向正上方；目视前方。

（2）呼吸：保持几组呼吸，然后还原。吸气时抬胸腔向上，呼气时下压手臂并后展。

（3）要点：两手下压时不要过分用力，防止膝关节的损伤；双肩向下沉，肘关节向上，稍收下颌，不要过分后仰。

（4）功效：加强颈部、背部肌肉力量，锻炼膝关节，增强踝关节的柔韧性。

图 3–62　蛙式

（九）神猴式

（1）动作（图 3-63）：

金刚坐姿。

身体前倾，两手置于肩下方，两臂、大腿垂直于垫面；以右腿为例，左膝保持原地不动，右脚跟向前滑动，至整个髋部落地；两手经体侧上举至头上方合掌，手臂伸直；目视前方。

（2）呼吸：保持几组呼吸，然后还原。吸气时伸展，呼气时身体放松，沉髋。

（3）要点：前侧脚尖向上。

（4）功效：拉伸下肢韧带和肌肉，促进髋部与腿部血液循环，向上拉伸手臂和侧腰。

图 3–63　神猴式

（十）至善坐

（1）动作（图 3-64）：

山式坐姿。

屈左膝，左脚跟抵近会阴，屈右膝，右脚置于左小腿内侧之上，左脚置于右小腿之下，脚跟上下重叠，两膝与垫面接触；脊柱向上伸展，放松两肩及手臂，两手结成智慧手印放于两膝上；两眼微闭。

（2）呼吸：保持自然呼吸。

（3）要点：两脚脚跟上下重叠，膝触地，腰背自然伸直。

（4）功效：对脊柱下半段和腹部器官有补养增强的作用，促进骨盆区域血液循环，提高下肢关节的灵活性。

图 3–64　至善坐

（十一）半莲花坐

（1）动作（图 3-65）：

山式坐姿。

屈左膝，脚跟靠近会阴；屈右膝，右脚背置于左大腿根部，两膝贴近垫面；脊柱向上伸展，放松两肩和手臂，两手结成智慧手印；两眼微闭。

（2）呼吸：保持自然呼吸。

（3）要点：上方脚跟靠近对侧大腿根部，两膝着地，腰背自然伸直。

（4）功效：促进骨盆区域血液循环，提高下肢关节的灵活性，安定情绪。

图 3-65　半莲花坐

（十二）英雄坐

（1）动作（图 3-66）：

跪立。

两膝并拢或微分，两脚分开，与肩同宽，脚背贴地，脚尖向后伸展；重心后移，臀部落在两脚之间的垫面上，脚跟贴于臀部两侧，手放在大腿上，脊背向上延展；目视前方。

（2）呼吸：保持自然呼吸。

（3）要点：两膝并拢，脚尖向后，臀部坐于两脚之间的垫面，腰背自然伸直。

（4）功效：舒展髋、膝、踝关节，拉伸大腿前侧肌肉，放松背部，促进消化。

图 3–66　英雄坐

参考文献

[1] 韩晔 . 瑜伽运动与文化 [M]. 哈尔滨：黑龙江教育出版社，2014.

[2] 巢巍 . 瑜伽文化小史 [M]. 北京：中国青年出版社，2017.

[3] 桑克依坦 • 达斯 . 瑜伽之道 [M]. 王博，译 . 北京：新世界出版社，2011.

[4] 娇林江 . 瑜伽体位法全图典 [M]. 南京：江苏科学技术出版社，2014.

[5] 刘敏 . 练瑜伽变完美 [M]. 长春：吉林科学技术出版社，2010.

[6] 杨静 . 瑜伽圣经 [M]. 长沙：湖南美术出版社，2011.

[7] 室利•阿罗频多 . 瑜伽基础课：肉体与灵魂的和谐之道 [M]. 刘霞，译 . 天津：天津人民出版社，2018.

[8] 威廉•沃克•阿特金森 . 呼吸的科学 [M]. 邱宏，译 . 天津：天津人民出版社，2012.

[9] 郑先红 . 瑜伽教练 [M]. 北京：高等教育出版社，2012.